Angelika Kipp

SPIEL- UND BASTELSPASS MIT MOOSGUMMI

D1925295

frechverlag

Von der beliebten Autorin Angelika Kipp sind im frechverlag zahlreiche andere Titel erschienen. Hier eine Auswahl:

TOPP 1922

TOPP 1920

TOPP 1829

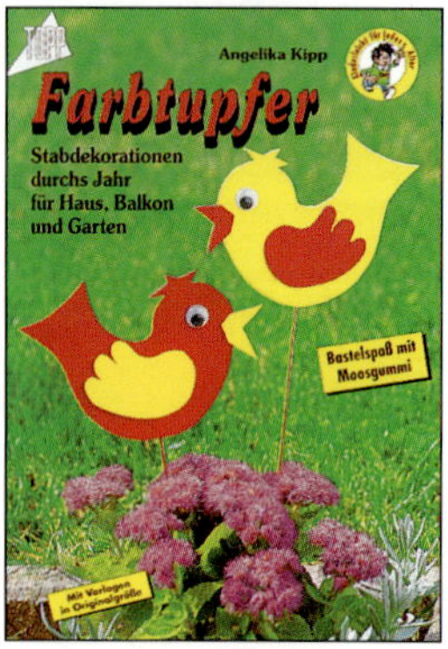

TOPP 1762

TOPP 1521

TOPP 1809

Zeichnungen: Berthold Kipp
Fotos: frechverlag GmbH & Co. Druck KG, 70499 Stuttgart,
Fotostudio Ullrich & Co., Renningen

Auflage: 5. 4. 3. 2. 1. | Letzte Zahlen
Jahr: 1999 98 97 96 95 | maßgebend

ISBN 3-7724-1934-8 · Best.-Nr. 1934
Druck: frechverlag GmbH + Co. Druck KG, 70499 Stuttgart

Hier wird Spiel- und Bastelspaß großgeschrieben –
da gibt's keinen Platz für Langeweile:
Denn mit Fenster- und Wandbildern, Fingerpüppchen,
Stabdekos und nicht zuletzt mit fröhlichen
Spielen macht sich kunterbuntes Moosgummi in
Eurem Zimmer breit und sorgt für Spaß und Spannung!
Zuerst heißt es immer: Basteln ist angesagt!
Da wird mit Feuereifer geschnitten, bemalt
und aufgeklebt, da entstehen
farbenfrohe Geschenke und fröhliche Dekorationen!

Und bei den lustigen Moosgummi-Spielen sind dann
Geschicklichkeit und Fingerspitzengefühl
gefragt, wenn anschließend auch noch gepustet,
geangelt und getastet wird.

Und deshalb ein kleiner Tip: Ladet doch einmal Eure
Freunde zu einem richtigen Bastel- und
Spielnachmittag ein, damit die Langeweile
draußen vor der Tür bleibt.

Egal, für welches Motiv Ihr Euch entscheidet, für den
stacheligen Igel, den hungrigen Löwen,
für den farbenprächtigen Hahn oder für den
kunterbunten Wurm – der Spiel- und Bastelspaß
mit Moosgummi ist riesig!

Eure
Angelika Kipp

➤➤➤ MOOSGUMMI ◀◀◀

ALLGEMEINE ANGABEN ZUM MATERIAL

Moosgummi ist ein vielseitiges Bastelmaterial für groß und klein; es ist auch unter dem Namen „Neopren“ bekannt. Moosgummiplatten (DIN A6 bis DIN A3) sind in vielen leuchtenden Farben und in unterschiedlichen Stärken (1 mm bis 4 mm) im Fachhandel erhältlich. Dort finden Sie auch Moosgummi-Fertigpackungen mit ausgestanzten Formen in vielen Größen und Stärken.

EIGENSCHAFTEN VON MOOSGUMMI

Das Material ist …

… lichtecht (farbbeständig).
Durch die Farbbeständigkeit des Materials kann man sich auch nach längerer Zeit noch an seiner Bastelarbeit erfreuen.

… wasserfest und abwaschbar.
Da Moosgummi wasserbeständig ist, können Ihre Werke auch draußen Verwendung finden.
Verschmutzte Teile lassen sich mit Spülmittel, Seife oder Waschbenzin mühelos reinigen.

… formbeständig.
Auch wenn Moosgummi einmal gebogen oder geknautscht wird – es kehrt immer in seine ursprüngliche Form zurück.

… leicht zu handhaben.
Selbst Kinder können mit diesem Material (Stärke 1 mm und 2 mm) gut arbeiten. Es läßt sich leicht schneiden; lediglich die dickeren Moosgummiplatten ab einer Stärke von 3 mm sind zum Schneiden mit der Schere für kleinere Kinder weniger geeignet.

… individuell zu gestalten.
Moosgummi kann ganz individuell mit anderen Materialien kombiniert werden. Wackelaugen, wasserfeste Stifte, Drachenbänder, Glitzerfarbe – dies sind nur einige Anregungen zur Gestaltung der Motive.

ARBEITSMATERIAL:

- Moosgummi (1 mm und 2 mm Stärke)
- Schere
- Nadel
- Bastelschere
- Bastelmesser (Cutter)
- Nagelschere
- Schneideunterlage
- Klebstoff
- UHU-Kraftkleber
- weicher Bleistift
- schwarzer wasserfester Stift
- heller Buntstift
- bewegliche Kunststoffaugen (in verschiedenen Größen)
- dünne Pappe
- Schuhkartons (verschiedene Größen)
- Drachenband
- Transparentpapier
- selbstklebende Folie
- Lineal
- Musterklammern
- dünner Draht
- Kneifzange
- Handbohrer
- Kreisschneider
- Magnet
- Holz- und Messingstäbe
- Plastikeier
- Holzperlen
- Schnur
- Korken

Tips und Tricks beim Basteln

Das Material

Fast alle Modelle dieses Buches werden aus 2 mm dicken Moosgummiplatten gefertigt. Für aufgesetzte Teile wie Augen, Knöpfe usw. kann Moosgummi in einer Stärke von 1 mm verwendet werden. Ich habe überwiegend mit Moosgummiplatten der Größe DIN A3 gearbeitet.

Anfertigen einer Schablone

Übertrage zunächst das Muster vom Vorlagenbogen auf Transparentpapier und klebe es anschließend auf eine dünne Pappe. Schneide die Form exakt aus – und schon ist die Schablone fertig.

Übertragen des Musters

Lege die Schablone auf das Moosgummi, und umfahre die Kontur mit einem weichen Bleistift. Bei dunklem Moosgummi verwendest Du am besten einen hellen Buntstift. Sind nach dem Ausschneiden der Teile noch Bleistiftstriche auf dem Moosgummi zu sehen, wäschst Du sie einfach ab.

Zuschneiden der Teile

Beim Ausschneiden der Motive solltest Du eine scharfe Schere benutzen und beim Schneiden so selten wie möglich absetzen, da sonst unsaubere Schnittkanten entstehen. Kleinere Kinder sollten nur mit Kinderscheren mit abgerundeten Spitzen basteln. Für kleine Rundungen eignen sich besonders Nagelscheren. Drehe beim Schneiden das Moosgummi, nicht die Schere. Bei längeren, geraden Schnitten solltest Du ein Bastelmesser verwenden, das an einem Lineal entlanggezogen wird.

Kleben einzelner Teile

Die einzelnen Teile werden am besten mit einem Kraftkleber aufeinandergeklebt. Trage den Klebstoff sparsam auf, damit er nicht überall hervorquillt. Nach dem Aufkleben wölbt sich das Moosgummi; drücke deshalb die Teile noch einmal fest an.

➤➤➤ DAS SCHNEEFLOCKENSPIEL ➤➤➤

Für dieses Pustespiel benötigst Du einen Schuhkarton (ca. 33,5 cm lang); eventuell mußt Du die Schneefläche, die Du auf dem Vorlagenbogen findest, verlängern oder verkürzen, damit sie mit dem Schuhkarton bündig ist, den Du entweder blau anmalst oder aber mit einer blauen Klebefolie beziehst.
Schneide aus dem Karton eine Öffnung (siehe Vorlagenbogen) heraus.

Die Wackelaugen (14 mm) und die Nase des Schneemanns, der mitten in einer Schneelandschaft steht, werden aufgeklebt. Den Mund malst Du mit einem wasserfesten Stift auf. Vor der klirrenden Kälte schützen ihn der zweiteilige Zylinder und der dicke Schal. Klebe den weißen Mann sowie die Eiszapfen an den Karton.
Sobald Du Watteflocken bereitgelegt hast, kann das Spiel beginnen.

SPIELREGELN

1. Wenn Du noch in den Kindergarten gehst, versuche einfach, die Schneeflocken in den Schneemannbauch zu pusten. Ob Du das wohl schaffst?

2. Gehst Du bereits zur Schule, kannst Du aus dem Schneeflockenspiel ein Wettspiel veranstalten:
Wer schafft es in der kürzesten Zeit, zehn Schneeflocken in den Schneemannbauch zu pusten?

3. Zwei Spielpartner spielen gleichzeitig gegeneinander.
Jeder erhält eine bestimmte Anzahl von farbigen Watteflocken (beispielsweise einer zehn weiße und der andere zehn rosafarbene).
Dann versucht jeder, seine Watteflocken in den Schneemannbauch zu pusten und dieses beim Mitspieler zu verhindern.
Nach einer bestimmten Zeit ist das Spiel beendet.

Und wer hat gesiegt?

➤➤➤ EIN BUNTER FISCH ◄◄◄

Schneide zunächst den gelben Fisch aus. Die vielen bunten Kreise werden auf dem Fischkörper so angeordnet, daß sie von der Schwanzflosse in Richtung Kopfform verlaufen. Dabei lappen sie leicht übereinander.

Da Moosgummi sich nach dem Kleben nach oben wölbt, werden die Kreise nochmals mit der flachen Hand angedrückt.

Alles, was der bunt leuchtende Fisch noch braucht, ist sein Wackelauge (14 mm).

Viele werden Dich um dieses Prachtexemplar beneiden!

KUNTERBUNTE CLOWNEREI

Die Grundform des Clowns (samt Haaren) schneidest Du aus einem Stück Moosgummi. Die Augen sowie der Mund werden mit einem wasserfesten Stift aufgemalt, die Nase ist aufgesetzt.

Das fertige Gesichtsteil, die regenbogenbunten Hosenträger, die Krawatte und die bunten Kreise werden noch hinzugefügt.

Und schon macht es sich der lustige Geselle an Deinem Fenster bequem!

➤➤➤ WAS HAT LEO GEFRESSEN? ➤➤➤

(Tastspiel, vor allem für Kindergartenkinder)

Für dieses Spiel benötigst Du:

einen vorbereiteten Karton

In einen Schuhkarton (ca. 17 cm breit) schneidest Du eine dafür vorgesehene Öffnung (siehe Vorlagenbogen, Maul des Löwen).

Zwei rote Stoffteile, die wie ein Vorhang leicht übereinanderlappen, werden von hinten im oberen Bereich gegen den Schuhkarton geklebt, um so das Maulinnere vor neugierigen Blicken zu schützen.

Die Vorderseite des Kartons wird mit gelbem Moosgummi beklebt, wobei die Öffnung ausgeschnitten wird.

einen fertig gearbeiteten Löwenkopf

Schneide zuerst die Mähne, das Gesicht und die Zahnteile des gefährlichen Löwen aus.

Die zweiteiligen Augen und die Nase klebst Du von vorn auf das Gesicht, die Zahnteile von hinten dagegen.

Zuerst fixierst Du nun die Mähne auf dem Karton; dann folgt das fertige Gesichtsteil.

SPIELREGELN

Verschiedene Dinge, z.B. ein Schlüsselbund, eine Zahnbürste, eine Nähgarnrolle oder ein kleines Kuscheltier, werden von einem ausgesuchten Spieler in Leos Bauch verstaut.

Ein anderer Spieler muß durch Ertasten herausfinden, was Leo gefressen hat.

Wer die meisten Gegenstände erkannt hat, ist Sieger!

MEIN LIEBLINGSEI

Damit der kleine Hoppelmann sein Lieblingsei fest zwischen den Pfoten halten kann, schneidest Du zunächst alle Einzelteile des Motivs aus Moosgummi (2 mm Stärke) aus.
Das Schnäuzchen, die Nase und die Barthaare werden mit einem wasserfesten Stift aufgezeichnet.
Dann bekommt der Hase seine Wakkelaugen (14 mm) und die Fliege.
Die Arme werden durch die dafür ausgeschnittenen Öffnungen gezogen und an das Plastikei geklebt.
Drücke dabei die Pfoten so lange gegen das Ei, bis sie fest daran haften.
Dann werden die Füße von Meister Lampe auf der Wiese plaziert.
Stelle nun das Häschen darauf, wobei das festumklammerte Ei ebenfalls mit etwas Klebstoff auf der Wiese befestigt wird.
Dieser kleine Mümmelmann darf an Deinem Osternest nicht fehlen! Oder wie wär's, wenn Du auf die Plastikeier Namen schreibst und sie als Tischkarten fürs Osterfrühstück benutzt?

EIN STOLZER HAHN

Dieser stolze Hahn sieht besonders schön aus, wenn sich seine Schwanzfedern im Wind bewegen!
Das Tier ist einfach und schnell zu basteln. Du brauchst nur auf die gelbe Körperform den Kamm, den Schnabel, den Hautlappen, den roten Flügel und das Wackelauge (14 mm) aufkleben.

Die Schwanzfedern (ca. 55 cm lang) werden aus 2,5 cm breitem Drachenband geschnitten, wobei die Bänder der Länge nach halbiert werden, dann also nur noch 1,25 cm breit sind. Sie werden von hinten leicht versetzt an den Schwanz geklebt. Du kannst natürlich auch wasserfeste Geschenkbänder verwenden.
Ist der Hahn von beiden Seiten zu sehen, sollte auch die Rückseite gestaltet werden.
Der farbenprächtige Gockel ist übrigens an einem Metallstab befestigt, den Du im Baumarkt bekommst.

➤➤➤ EINE ÖSTERLICHE STABDEKORATION ➤➤➤

Für diese Dekoration benötigst Du einen Holz- oder Messingstab (Ø 4 mm, etwa 60 cm lang), Moosgummirädchen, buntes Drachenband (Breite ca. 2,5 cm) oder wasserfeste Geschenkbänder und Klebstoff.

Klebe das oberste Moosgummirädchen an den Stab.

Da die Plastikeier nur eine Öffnung haben, muß ein Erwachsener mit einer spitzen Schere eine weitere Öffnung auf der anderen Seite der Eier hineinbohren. (Vorsicht!)

Mit einer Schere halbierst Du die jeweils ca. 40 cm langen Drachenbänder der Länge nach, so daß sie nur noch 1,25 cm breit sind.

Dann schneidest Du am oberen Ende jeweils eine kleine Öffnung zum Auffädeln in das Band.

So, nun kannst Du die einzelnen Teile (siehe Foto) nacheinander auf den Stab stecken.

Das untere Rädchen wird ebenfalls mit Klebstoff befestigt.

Da wird selbst der Osterhase staunen, wenn er diese flatternde Bastelarbeit sieht!

➤➤➤ MRS. WATSCHEL ➤➤➤

(Abbildung Seite 16)

Mrs. Watschel sieht beispielsweise auf Eurer Haustür besonders hübsch aus. Noch schöner ist es, wenn die Hutbänder im Wind flattern.

Auf der Grundform der kleinen Gans plazierst Du das Wackelauge (14 mm), den Hut und die Watschelfüße.

Der Schnabel wird in die dafür geschnittene Öffnung geklebt.

Die ca. 25 cm langen und ca. 6 mm breiten Hutbänder schneidest Du aus Drachenband.

Bitte Deine Mutter, die Bänder bei niedriger Temperatur (Seide) mit dem Bügeleisen kurz überzustreifen, damit sie sich leicht wellen.

Auf keinen Fall darfst Du aber das Bügeleisen alleine einschalten!

Du kannst auch ein wasserfestes Geschenkband verwenden, das Du straff über die Schnittkante einer Schere ziehst, damit sich die Bänder kräuseln.

Klebe ein blaues Band auf den Hut, die restlichen darunter.

Was meinst Du, wieviel Besucher in den nächsten Tagen kommen werden, um Deine Mrs. Watschel kennenzulernen!

Und wenn Du auf die Gänsedame Euren Namen schreibst, hast Du ein hübsches Türschild.

30

MRS. WATSCHEL

(Erklärung Seite 14)

MEIN LIEBSTER TEDDY

Die Körperform des kleinen Gärtners wird aus einem Stück Moosgummi (2 mm Stärke) geschnitten.

Die Nase des Teddys sowie den Gießkannenrand zeichnest Du mit einem schwarzen wasserfesten Stift auf.

Das Ohr, der Arm, die Hose und das Wackelauge (16 mm) werden aufgesetzt.

Gib dem Teddy die zweiteilige Gießkanne in die Pfote, und plaziere ihn auf der Wiese mit der Blüte.

Nun kann der kleine Gärtner sein Blümchen gießen.

Der oberste Wassertropfen, der sowohl an der Kanne als auch an der Blüte befestigt ist, gibt dem Bastelwerk die nötige Stabilität.

Der kleine gepunktete Käfer schaut neugierig zu.

ENTENJAGD

Schneide die einzelnen Teile aus Moosgummi aus.
Klebe den Schnabel an den Entenkörper. Damit die Ente Dich bei der Jagd anschauen kann, benötigt sie noch ihre Wackelaugen (14 mm).
Füge jeweils die drei blauen Moosgummiteile zusammen – die Ente wird mit Klebstoff auf der großen blauen Moosgummifläche befestigt, bekommt aber zusätzlich durch das Einklemmen zwischen den kleinen Einzelteilen Halt.
Bohre dann ein Stück Draht durch das obere Kopfteil der Ente.
Drehe den Draht zusammen, und drücke die Verbindungsstelle an den Körper der Ente, damit sich niemand am Drahtende verletzen kann.
Oberhalb des Kopfes drehst Du den Draht noch einmal zusammen – so steht die Schlaufe senkrecht und kippt nicht um, denn hier muß ja Deine Angel einhaken.
Wieviel Enten Du basteln möchtest, entscheidest Du selbst.

Und wie läuft die Jagd nun ab?

SPIELREGELN:
Bei diesem Geschicklichkeitsspiel geht es darum, mit einer Angel (hier: ein Laternenstock) die Enten aus dem Wasser zu holen.
Auf der Unterseite der Tiere befinden sich verschiedene Punktzahlen, die mit einem wasserfesten Stift aufgemalt sind.
Je nach Vereinbarung versuchen die Kinder, z.B. mit drei Enten, eine möglichst hohe Punktzahl zu erreichen. Wer die meisten Punkte hat, ist Sieger!
Die Enten schwimmen ganz vergnüglich in der Badewanne, im Schwimmbecken oder im Wasserfaß.
Wenn ein leichter Wind weht, bewegen sie sich sogar auf der Wasseroberfläche hin und her.
Das sieht dann besonders lustig aus.
Dieses Spiel eignet sich übrigens auch für Kinderfeste!

FINGERPÜPPCHEN

Diese Fingerpüppchen eignen sich besonders für Rollenspiele.
Die Öffnungen für die Finger, die aus jeder Grundform ausgeschnitten werden, können der Fingerstärke angepaßt werden.

MAUS UND HASE

Klebe den beiden die Ohrinnenteile, die Wackelaugen (16 mm), die Schnurrbarthaare und die Nase auf. Der Mund wird jeweils aufgemalt.

ENTE

Bei der Watschelente brauchst Du nur die Wackelaugen (14 mm) und den Schnabel mit dem aufgemalten Schnabelstrich und den Nasenöffnungen anzubringen.

LÖWE

Klebe dem Löwen die Mähne und dann das Kopfteil mit den Wackelaugen (14 mm) und dem aufgemalten Maulteil auf.

BÄR

Das Maulteil mit dem aufgemalten Mund und der aufgeklebten Bärennase (14 mm) wird auf der Grundform angebracht.
Dann klebst Du noch die Ohrinnenteile, die Schleife und die Bärenaugen (16 mm) auf.

Nun kann das Spiel beginnen!

MURMELSPIEL

Für dieses Spiel benötigst Du einen ca. 22 cm breiten Schuhkarton, den Du nach Lust und Laune auch bunt bemalen oder bekleben kannst. Schneide zunächst die Grundform des Clowns aus rotem Moosgummi aus; danach setzt Du den Kopf mit den dazugehörigen Teilen auf. Schmücke das Kostüm mit vielen bunten Punkten.
Klebe die Kreise mit der aufgemalten Punktzahl über die jeweilige Öffnung am Clownbauch.

Dann fixierst Du den Clown auf dem Schuhkarton, aus dem Du zuvor die entsprechende Öffnung ausgeschnitten hast (siehe Vorlagenbogen).

Das Spiel bereitet besonders Spaß, wenn Du es mit einigen Freunden spielst.

SPIELREGELN

1. Wer die höchste Punktzahl „erkullert", hat gewonnen.

2. Wer „erkullert" mit verbundenen Augen bei zehn Versuchen die höchste Punktzahl?

3. Bei mehreren Kindern bieten sich Mannschaftswettbewerbe an.

EINE KUNTERBUNTE RAUPE

Diese kleine Raupe besteht aus elf Holzperlen (Ø 14 mm), zehn kleinen Moosgummikreisen und einem größeren Kreis.
Die Fühler sind aus braunem Plüschdraht geschnitten (jeweils 5,5 cm lang).
Zeichne zunächst den Mund des lustigen Tieres mit einem wasserfesten Stift auf.
Fädele das Kopfteil auf einen reißfesten Faden, wobei der Knoten anschließend durch die aufgeklebte Nase verdeckt wird.
Nacheinander fädelst Du dann abwechselnd die Perlen und die bunten Moosgummikreise auf.
Falls Du eine Lochzange besitzt, kannst Du Dir kleine Löcher für das Durchziehen des Fadens vorstanzen, ansonsten stichst Du einfach mit einer spitzen Nadel durch das Material.
Ist die letzte Perle aufgefädelt, kannst Du den Faden damit verknoten.
Nun braucht das bunte Tier noch seine Wackelaugen (14 mm) und die Fühler.
Suche Dir beim Spaziergang einen geeigneten Zweig, an dem sich die kunterbunten Tierchen entlanghangeln können.

EINE UNGEWÖHNLICHE FREUNDSCHAFT

Zunächst schneidest Du die beiden Tierkörper aus.
Die Schnurrbarthaare sowie der Mundwinkel der Maus und die Nase der Katze werden mit einem wasserfesten Filzstift aufgemalt.
Dann bekommen beide ihr Wackelauge (14 mm).
Damit die Maus leckere Sachen schnuppern kann, gibst Du ihr eine große, runde Nase.
Das Ohr und das Schwänzchen sowie die zweiteilige Schleife der Katze werden noch aufgesetzt.
Paß gut auf, daß die beiden sich vertragen!

PETRI HEIL!

Für dieses Angelspiel benötigst Du:

eine Angel

Die Angel besteht aus einem Holzstab, einer Schnur, einem Korken und einem Magneten.

Die Schnur knotest Du am Ende des Holzstabes fest.

Durchbohre einen Korken mit Hilfe eines kleinen Handbohrers – vielleicht muß Deine Mama oder Dein Papa hier ein bißchen helfen!

Die Schnur wird durch die Öffnung gezogen und verknotet.

Nun brauchst Du nur noch den Magneten auf die Unterseite des Korkens aufkleben, und fertig ist die Angel!

einen Karton

Du kannst den Karton, der an einer Seite offen sein muß, entweder bemalen oder mit einer selbstklebenden Folie beziehen.

Nett sieht der Karton auch aus, wenn Du ihn mit den dafür vorgesehenen Moosgummi-Motiven gestaltest.

Die aufgeklebten Fische erhalten Wackelaugen (14 mm).

Fische, Schuhe und Seesterne

Jedes zu angelnde Teil erhält eine Musterklammer an der dafür vorgesehenen Öffnung (siehe Vorlagenbogen), die mit einer Lochzange ausgestanzt wird.

Und nun kann es losgehen!

SPIELREGELN

1. Sieger ist, wer in einer vorgegebenen Zeit die meisten Fische angelt – vielleicht sogar mit verbundenen Augen?

2. Werden die Fische noch mit einer Punktzahl versehen, ist derjenige Sieger, der die höchste Gesamtpunktzahl in einer bestimmten Zeit geangelt hat.

Viel Spaß!

SCHNATT AUF DER BLUMENWIESE

Für dieses herrliche Wandbild benötigst Du eine Pinnwand in der Größe 40 cm x 30 cm. Schneide zunächst alle Einzelteile aus Moosgummi aus.

BLÜTEN

Die einzelnen Blütenblätter schneidest Du bis zur vorgegebenen Markierung (siehe Vorlagenbogen) ein. Damit die Blüte plastischer wirkt, spannst Du einen reißfesten Faden abwechselnd vor bzw. hinter die inneren Teile der Blütenblätter.

Ist der Faden wieder am Ausgangspunkt, verknotest Du ihn so, daß sich jedes zweite Blatt nach oben wölbt. Dann ergänzt Du das Blüteninnere, damit der gespannte Faden nicht mehr sichtbar ist.

Klebe den Rasen in die Pinnwand, und fixiere die Blumenstengel samt Blüten.

RAUPE

Die kleine Raupe erhält Wackelaugen (10 mm), die Nase und die Fühler.

Der Mund wird aufgemalt.

Dann plazierst Du die einzelnen Kreise von hinten nach vorn an der Pinnwand.

SCHNATT

Schnatt bekommt zunächst seine Wackelaugen (14 mm) und seinen Schnabel mit den aufgezeichneten Nasenöffnungen.

Dann plazierst Du die Ballons und die Flügel. Zuletzt wird Schnatt auf die Wiese gesetzt, wobei die Watschelfüße auf dem Rahmen kleben.

Nun kannst Du Dein Zimmer mit dem kleinen Kunstwerk dekorieren.

FREIZEITSPORT

Für diese Bastelarbeit benötigst Du Moosgummi in Weiß und Gelb (2 mm) sowie in Blau (1 mm).
Den kleinen Eisbären, der die weite Welt kennenlernen möchte, und das Boot schneidest Du in einem Arbeitsgang aus.
Das Näschen wird mit einem schwarzen wasserfesten Stift aufgezeichnet.
Dann erhält der Eisbär noch seine Ohren, das Wackelauge (14 mm), den Schal und den Arm.
Der blaue Bootsrand sowie die Wellen werden von vorne ergänzt.
Nun benötigt der kleine Bär nur noch sein Paddel, und schon geht's auf große Fahrt!

EIN KLEINES STACHELTIER

Dieser kleine Igel fühlt sich zwischen einer Baumrinde, dem im Wald gesammelten Laub und den Trockenblumen besonders wohl.
Die Stacheln des Igels werden aus verschieden großen Moosgummikreisen gearbeitet.
Durch das Ausschneiden von Keilen entstehen die Stacheln.
Dann klebst Du die Kreise – nach der Größe sortiert – auf den Igelkörper.
So erhält er ein wunderschönes Stachelkleid.

Nun benötigt der stachelige Geselle noch seine Stupsnase und das Wackelauge (10 mm).
Klebe den Igel in einen Bilderrahmen (ca. 32 cm x 21 cm), der mit einer grünen Moosgummiplatte ausgefüllt wurde.
Die Landschaft, in der der Igel glücklich sein wird, kannst Du nach Lust und Laune mit Naturmaterial selbst gestalten.

Für diese kleine Bastelarbeit benötigst Du:

einen Pinguin im Frack
Der kleine Pinguin bekommt sein weißes Bauchteil aufgesetzt. Nun kannst Du ihm die rote Schleife, seinen Schnabel und die Wackelaugen (16 mm) aufkleben, dann stellst Du den kleinen Mann im Frack auf seine Füße.

eine Winterlandschaft
Klebe die einzelnen Schneeberge und Eisschollen auf die Wasseroberfläche.

einen Tannenbaum
Die beiden Tannenbaumhälften werden auf dem komplett gearbeiteten Baum fixiert.

Stelle den Pinguin so auf die Eisscholle, daß er den Tannenbaum bewundern kann.